부서진 말들

박이문 시집 **부서진 말들**

민음사

머리말

나는 1999년 민음사 박맹호 회장의 배려로 본인의 영시집 『Broken Words』를 출간했다. 그 후, 시집의 독어 역본 『Zerbrochene Wörter』이 2004년 함부르크의 Abera Verlag 출판사에서 출간되었다. 그리고 이 시집은 상기한 영시집의 한국어판이다.

이 시집에 담은 시의 대부분은 보스턴 시몬스 대학교에서 재직하던 중인 1970~1980년대에 집필한 것으로 대학 및 외부 모임에서 낭독했거나, 대학 문학지인 《Sideline》과 재미 학국 문인들이 발간했던 문학지인 《Korean American Literature》 등지에 발표했던 것이다. 그러나 그중에는 본인이 1990년에 한국에 돌아와 포항공대 재직 중에 쓴 것도 몇 편 포함되어 있다.

첨언하여 영시집을 원본으로 번역한 한국어판에서 논리 및 미학적 차원에서 필자와 편집자의 상의하에 작품 배열이 약간 변경되었음을 밝혀 두고자 한다.

심혈을 기울여 썼던 외국어 시집이 모국어로 번역되어 나오게 됨을 기쁘게 생각한다. 작은 소원 하나가 이처럼 성취되도록 도움을 준 여러분에게 깊이 감사하는 바이다. 영시집 및 한국어판을 아울러 출간하도록 해 주신 민음사 박맹호 회장을 비롯, 번역을 맡아 준 이은정 박사, 그리고 작품집의 논평을 기꺼이 맡아 주신 김치수 교수, 끝으로 편집과 교정에 힘써 준 편집부에 한없는 감사의 말을 전한다.

2010년 1월
박이문

차례

INSIDE

얼어붙은 찰스 강   13
생각할수록 더 빠져들 뿐   14
그림자   16
창문 너머   18
텅 빈 정원 의자들   19
코네티컷 고속도로를 지나며   20
마운트 오번 공동묘지에서   22
감   24
하루 일과   25
출국장   26
나는 그녀의 이름을 모른다   27
소로의 오두막 터   28
월든 호수에서   29
교실의 시학   30
겨울나무   32
눈 내리지 않는 겨울   33
별이 빛나는 밤   34
귀향   35
내 어머니를 생각하며   36
등산   39
톨레도에서   40
노천극장의 두 어린 승려   42
알프스를 넘는 비행기   44
내 어머니를 생각하며 — 추석 명절에   45
강에 비친 보름달   46

OUTSIDE

시계를 포착하다   49

사이에서   50

철학을 고찰함   52

보느냐, 보지 않느냐   55

돌담 곁에 멈춰 서서   56

계단   59

분리의 접합   60

촛불의 그림자   62

사르트르의 부고를 듣고   64

메타-메가-시티의 노래   66

1980년, 부고를 듣고   67

지평을 넘어서   68

강은 강이다   70

자화상   72

공허   74

초현실적 추상화   75

시적 변형   76

어떤 시학   77

또 다른 관점   78

악몽   79

형이상학적 자기 인상   80

신경 쓰지 않아   82

어떤 시인의 고백   83

병원에서   84

우주의 비정함에 대한 명상   85

자서전   86

초월   87

SIDE BY SIDE

형이상학적 사체 — 파울 첼란에게   91

한 무신론자의 기도   92

파울 첼란을 위하여   94

의미의 쓸모없는 무의미 — 파울 첼란에게   97

1979년 11월 어느 캄보디아 난민의 사진을 보고   98

몬도가네   100

얼어붙은 38선 너머의 왜가리   101

옥수수 밭의 죽음 — 한국 전쟁 중에   102

전쟁의 기억들   104

포스트모던의 풍경   115

걸프전   116

인간의 진보   118

우리의 망상   119

쥐   120

소말리아의 기근   121

세계 철학 총회에서   122

시의 쓸모   123

작품 해설 | 김치수

세계화된 시인의 꿈과 언어   125

INSIDE

얼어붙은 찰스 강

강은 얼어붙고
눈이 내린다

저녁은 하얀 강 위로
번져 가고

강을 따라서는
홀로 조깅하는 사람 하나

입가에 서린 하얀 입김
살아 있고

생각할수록 더 빠져들 뿐

어둠과 정적의 뒤섞임
밤은 내리는 눈과 함께
짙어져 간다

잠 못 이루는 12월
고요한 가운데
혼자 선 영혼

이성의 바다를 떠올릴수록
나는 신의 미로 속으로
빠져든다

시간 없는 시간
한계 없는 한계
의미 없는 의미

무한한 시선

무를 향한

울지 않기 위해, 웃지 않기 위해

생각 없는 생각과

고요한 대지 위로

눈이 내린다

그림자

창가에 홀로 선
어느 미망인의 그림자
슬픔의 풀밭에서
길을 걷고

눈물, 혹은 색채
길가의 낙엽
희미하게 반짝이는 모래 위
침묵만이 남아

타향의 숲 위로 펼쳐진
검푸른 하늘에 빛나는 별
사랑의 상처
인생의 눈물

마음은 마치
그림자의 낙엽과 같이

존재하지 않는 곳을 향해

길게 뻗은 길 위로

떨어지고

창문 너머

흰 구름이 점점이 박힌
푸른 하늘에 기대어 선
교회의 금빛 첨탑
케이프코드의 농가 너머
지붕을 지나 저 먼 곳으로
떡갈나무 마른 가지 아래
창틀 안에 담긴 지평선은
마치 그림엽서와도 같아

그러나 마을은 고요하고
엽서만큼이나 현실 같지 않아
명상의 거울 속에 비친
공허하고도 공허한 아름다움
의미도 감각도 참고할 것도 없어
진실과 지혜 너머
다만 그렇게 존재할 뿐이지
말도 없이
다만 그렇게

텅 빈 정원 의자들

뜨겁고 기나긴 여름, 나는
이웃집 잔디 위
떡갈나무 그늘 아래 앉은
은퇴한 이웃집 사람들을 줄곧 지켜보았다

9월 말, 밤비가 내렸지만
일주일 전 다듬은 잔디는
여전히 푸르다, 여전히
다시 한 번, 하나, 둘, 셋, 나는 여섯까지 센다
은퇴한 이웃집 사람들이 아니라, 다만
흰색, 파란색, 오렌지색 정원 의자들을 센다
기나긴 그늘 아래 텅 비어 있는

이제 남은 것은 빈 의자 몇 개와
가을뿐이다

코네티컷 고속도로를 지나며

회갈색 도는 숲과 들판
가물거리는 지평선을 향해
곧바로 펼쳐진
넓고 평온한 고속도로

하늘은 새파랗고
태양은 따스하고
봄은 숨을 쉬고

낡은 폭스바겐의 자취 너머
나의 몸은 오감이 부르는 노래
마음은 오직 신선하며
아무런 생각 없이도 살아 있다

고속도로 위의 일요일 아침
마치 유혹처럼, 시간처럼, 인생처럼
자꾸만 달아나며 물러서는
지평선을 향해 나는 달린다

하늘은 높고 푸르고

드넓고 견고한 도로

아침은 이렇듯 고요한데

마운트 오번 공동묘지에서

그대는 밤이고 낮이고 거기 그대로 누워 있다
몇 달이고 몇 년이고 아무런 말도 없이
구호도 이론도 눈물도 웃음도 없이
나는 이곳을 배회할 뿐이다
뭔가를 생각하며 삶과 죽음을 생각하며
시를 쓴다는 것, 서류와 서신들을 생각하며

그대는 해탈한 승려인 양 거기 쉬고 있다
진흙과 벌레와 분자들과 함께 땅속에 누워
그림자의 그림자 그대는 기억조차 없는 이름일 뿐이고
그대의 영광, 고통, 목표는 이제
그저 이름도 인상도 없는 환영에 지나지 않아

자, 그대와 나 사이 무슨 차이가 있을까
연결 고리 없는 시간이여
기록되지 않은 시간이여
어쩌면 나는 계절이며 이유를 모두 잃어버린

시간의 그림자의 그림자의 또 다른 그림자에
지나지 않을지도 모른다

감

쓸쓸한 농가의 흰 담벼락 뒤
앙상한 검은 가지에 붙은
분홍빛 감 두 개

낯선 땅의 늦가을
푸른 하늘에 새겨져 있다

고향에서 보낸
어린 시절
그 무구한 기억들

아무도 없이 나 홀로
잠시 발길을 멈추다
다가간다

푸른 하늘에
가을에 새겨진
분홍빛 감 두 개

하루 일과

8:00 사무실
12:00 샌드위치와 커피 한 잔
5:30 스타 슈퍼마켓
6:30 저녁 식사
7:00 텔레비전 저녁 뉴스
8:00 스카치 한 잔
9:00 섹스 한 번
9:30 취침

출국장

그녀는 울면서
비행기에 올랐네

나는 조용히 흐느꼈네
눈물도 없이

추운 어느 밤
눈은 내리고

분홍빛 상처
하얀 붕대

붐비는 공항에서
생각의 그림자

나는 그녀의 이름을 모른다

나는 그녀의 이름을 모른다
몇 년 전 단 한 번 마주쳤을 뿐이다
언젠가, 어디에선가
알 수 없는 도시의 길모퉁이

그러나 나는 어디에서나 그녀를 본다
책장의 행간 틈에서
하늘 위 강물 속
나의 꿈속에서

그저 멀리서 단 한 번 그녀를 보았다
한 번, 단 한 번
나는 그녀의 이름을 모른다
한 여자, 애조 띤 그림자

소로*의 오두막 터

네 개의 주춧돌이
작은 정사각형을 만들고 있다.

조그마한 돌 더미
소로에게 바쳐진

그의 경구 몇 마디가
돌 위에 새겨 있었다

나무들 밑에 서면
월든 호수다

꿈속의 작은 오두막 터
다시 자연으로

---

* 헨리 소로. 미국 사상가이자 문학자로 1845년 여름부터 1847년 가을에 걸친 월든 호수에서의 생활을 바탕으로 한 저작으로 유명하다.

월든 호수에서

4월, 아직 오후는 서늘하고
숲에도 초록빛이 들지 않았다

연못가에는 젊은이와 노인 몇이
낚싯대를 연못에 드리운 채
말없이 고요히 물결만 바라보고 있었다
얼마나 잡힐지 신경 쓰는 친구는 없어 보였다

나는 소로의 집을 찾아간다
연못 근처 숲 속에 있는 그 집
젊은 나이로 죽기까지 2년을 그는 거기 살았다
오직 자연을
자연과 함께하기를 그리며

교실의 시학

한 명은 약간 늦었고
자리 하나는 비었고
몇몇은 졸린 얼굴이다
그러나 눈동자, 눈동자, 그들의 눈동자
파란색이거나 갈색이거나 검거나
아침 햇살처럼 밝은
8시 30분 이른 아침의 교실
논리학 수업

하지만 이것은 마법이 아닌가
생각하고 깜빡이고
깨지기 쉬운 마음으로
세상을 밝히는 것

또한 이것은 기적이 아닌가
서로를 바라보기 위해 함께한다는 것
비록 한 계절이지만 모두가 하나 된다는 것

우리 모두가 존재하지 않는 곳에서 온 것처럼
다시 존재하지 않는 그 어딘가로
각자의 자신으로 뿔뿔이 흩어지기 전에

우연적 필연
필연적 우연
시작을 시작하기 위해
마법은 논리다
신입생의 이른 아침 수업
눈동자, 눈동자, 여기 모든 젊은 여학생들의 눈동자

겨울나무

겨우내 벌거벗은
나뭇가지가 바람에 휘고
꼭대기에는 외로운 새 한 마리

부러지지 않기 위해
견디기 위해

삶의 고뇌
음울하고 여위었지만,
살아 있다고, 견디고 있다고
말하네

눈 내리지 않는 겨울

숲과 들은 여전히 회색빛이다, 12월
눈은 내리지 않고
창가에서 온종일 겨울을 기다리지만
눈 내리지 않는 겨울
나는 실망하고 만다

새와 사슴, 스컹크는 어디로 갔나?
눈은 어디로 가 버렸나?
산과 숲은 여전히 황량한데
눈 내리지 않는 한겨울
나는 슬퍼진다

별이 빛나는 밤

셀 수도 없는 별
크고 작은
별
차가운 겨울밤에 떠 있네
별은 신비롭지만
그 속삭임이 더욱 신비로워

저기에 별이, 반짝이는 별이
정말로 많은 별이 있네
끝이 없는 아름다움 한가운데
나는 그대로 길을 잃고
광활한 하늘 속을 배회하네

귀향

내 고향 마을에 돌아왔네
황량한 저 빈농의 농가에서 어린 시절 '궁전'을 찾아내러

혼자 남아 있네
내 머리카락 같은 잿빛으로 물든
소리 없이 서 있는 뜰 앞 떡갈나무

나는 가을 하늘만큼이나 텅 비어
내가 잘 아는 풀의 따스함과 퇴비의 냄새가 나는
내 고향의 흙 내음을 가슴 가득 마실 수 있으리

마을을 두른 산과 들판을 가로지르는 강은
예전 그대로인데
나만은 시골 꼬마들 사이에서 홀로 이방인

내 어머니를 생각하며

여름의 끝자락, 제가 당신을 떠날 때마다
공항 출국 데스크 뒤에서 당신은
아무런 말도 없이 조용히 우셨지요
아마도 아시겠지만 당신이 늙어, 너무나 늙어,
저 역시 눈물을 흘렸습니다
두 사람 다 당신이 떠난 뒤 영원한 작별을
떠올렸던 건지도 모르겠습니다.
이번이 어쩌면 마지막일 거라고 말입니다

대륙과 바다로 가로막힌
이곳 타향의 하늘 아래
당신을 생각합니다
고뇌가 없어도 잠들 수 없는
이 밤에

책상 위의 불빛은 고요하고
주름진 당신 얼굴,
따스한 눈동자

늙은 손길 외에
아무것도 떠오르지 않습니다

저는 기대에 꼭 맞는 아들이 아니었죠
그렇게 되고 싶었지만 말입니다
실망하신 것도 잘 알고 있습니다
벌써 50줄, 그러나
아직도 혼자
집도 고향도
가족도 없는
가진 것이라고는
여전히 손에 쥔 깨진 꿈들
이상하게도 영혼만은 어릴 적보다 더 젊은데
더 이상한 것은 이제 제가 젊지 않다는 것
우리 모두 시간의 풍랑에 휩쓸려
정체도 이유도 모르는 보이지 않는 것에
속절없이 떠밀린다는 것 또한 이상합니다

당신을 생각합니다, 어머니
그러나 울지도, 동요하지도 않습니다
의문들은 여전히 풀리지 않았습니다
당신과 멀리 떨어진 이곳
이 숨죽인 밤에
지극히 고요하고 지극히 평화롭게
책상 위를 밝히는 외로운 램프 불빛처럼 홀로

등산

초록은 초록
끝이 없는 땅의 파동
여전히, 살아 있는

끝없이 펼쳐진 청아한 지평
하늘과 땅 그 사이에 있는

거기 나는 서 있다
이 모든 것을 노래하며
열린
자유, 그리고 하나

톨레도에서

어느 유령
홀로
어느 평원 미지의 땅
메마른 언덕의 절벽 꼭대기에 있네
황량하고 광막하고
날카롭고 아름답고
거대한
나는 네 골격과 인내와 위엄과
현실보다도 더 현실적인 네 존재에 경배한다

성당, 궁전, 엘 그레코와
성벽에 둘러싸인 도시 안
중세의 뒷골목을 엮는
좁은 포도(鋪道)
뜨거운 사막처럼 강렬하고
이른 가을 파란 하늘 위에 떠오른 태양만큼 투명한
어느 이방인, 나는 너의 공허한 잔재와
덧없는 승리를 상찬한다

황제들, 제후들, 기사들
그리고 노예들, 그들이 믿는 신과 그 신의 신도들
그들의 긍지, 그들의 굴욕, 그리고 승리와 죽음
이제는 전부
그 자손의 자손과 이름 없는 관광객을 빼곤
피의 흔적도 남기지 않고
이름과 기억도 모두 다 함께
사라져 버리고 말았다
스페인 한복판, 그 어느 곳에서도
얼어붙은 과거의 현존에서 덧없는 아름다움의 위대함을
나는 느낄 수 없었지만
이 동화의 도시를 깊이 응시하는 나의 눈에
이곳의 세월 그 어느 한순간도 덧없지 않았노라

노천극장의 두 어린 승려

어느 늦여름
이미 저녁

두 어린 승려가 나란히 앉았다
잿빛이지만 깔끔한 장삼, 갈색 머리 위 밀짚모자
아기와도 같은 얼굴과 두 손

이제는 거의 비어 있는 경주 국제 문화 박람회
노천극장 뒷줄, 벤치에 걸터앉아

보고
듣고
즐기는
그 모든 것에 빠져들어

옛 춤사위와
옛 가락들
천년의 고도

그 도시의 산등성이에

저녁이 번져 가고

절에서부터 타종의 고요한 울림

나는 다만 바라본다

무대 위 노래하는 이와 춤추는 이를

바라보고

흥겨워하는

아직 어린 두 승려

알프스를 넘는 비행기

장엄한
희고 푸르고 검은 지구의 관절
공교하여라

장엄한 초월이여
나는 속삭인다
747기 안에서
흰 구름의 대양 너머로

우주의 고독한 행성
산맥을 지나는 어느 비행기
그리고 그 안에서 사고하는 하나의 생명

내 어머니를 생각하며
―추석 명절에

이번 추석
당신을 봅니다
흙에 덮여 고요히
산 정상에 잠든
뼈와 티끌로

당신의 미소, 주름진 손을 봅니다
그 사랑을 듣습니다
뼈와 티끌로 되살아나는
그 인고와 시련과 고통을 느낍니다
이 만월의 저녁

흡족지 못한 아들을 보고 계신지요
성취하지 못한 꿈과 함께
이제 벌써 백발이 성성하여
비 내리는 명절
당신을 그리고, 또 그리는 아들을

강에 비친 보름달

산 위로 펼쳐진
저토록 광대한 하늘에 별이 빛나네
이 가을 밤

투명한
강에 잠긴 보름달
부패한 물고기의 눈에 비치고

비치는 어둠 위
무한한 침묵의 울림이 내려
깊은 무를 펼치네

OUTSIDE

시계를 포착하다

시계를 바라본다는 것
그것이 문제다
시계와 함께 시간을 포획하는 것
그것은 포착할 수 없는 영원을 포착하는 것

사이에서

책상과 나―생각하는
형이상학

무엇이든 말해 줘
무엇이라도 좋아
침묵과 언어 그 사이에서

진실은 어려운 것
마음 아프게 하는 것

책과 응시
논리

시간은 빨리 지나
삶 또한 그렇지
존재와 무 그 사이에서

사랑은 어려운 것
마음 아프게 하는 것

철학을 고찰함

형이상학이 대체 뭐란 말인가
'나'란 대체 무엇인가

자 우리 가 볼까, 당신과 나
모든 것의 무존재에 대해
그 무엇도 말하지 않으며
한잔의 술을 마시며
지금 내가 기억하는 미래의
앞으로 다가올 과거의
허기든 분노든
실망이든 절망이든
잊기 위해, 후회하지 않기 위해
우리가 암흑 속에 가라앉기 전에

내가 나비의 꿈이라면
내가 나비를 꿈꾸고 있다면
내가 꿈을 꿈꾸고 있다면

깨어 있건 아니건
상관없다, 아무 상관도
당신이 바람에 시를 쓰는 동안에는

도대체 철학이 뭐란 말인가
난 대체 무슨 짓을 하고 있는가

자 우리 가 볼까, 당신과 나
모든 것의 무존재에 대해
그 무엇도 말하지 않으며
침대 위에 드러누워
우리가 너무 늙어 버리기 전에

지금 내가 기억하는 내 죽음의
앞으로 다가올 탄생의
희망이든 주검이든
열정이든 환영이든

놀라워하기 위해, 고뇌하지 않기 위해

내가 환영의 기만이라면
내가 환영을 기만하고 있다면
내가 기만을 기만하고 있다면
상관없다, 아무 상관도
당신이 하늘에 시를 쓰는 동안에는

보느냐, 보지 않느냐

나무는 나무
그러나 빛깔이기도 해

그것을 보았지만
보지 않았어

난 눈을 뜨지
만물을 닫기 위하여
보이는 것을 보지 않기 위하여

나무는 빛깔
그러나 나무이기도 해

보이지 않는 것을 보기 위하여
보이는 것을 보지 않기 위하여

돌담 곁에 멈춰 서서

숲 속의 돌담 곁에
멈춰 섰다
손을 대어
느껴 보기 위해
이유도 논리도 없었다
어느 오후 홀로
뉴햄프셔의
길가에서

숲 속에 선 돌담을
바라보았다
농사를 짓고
사랑하기 위해
숲을 바라보고
하늘을 바라보고
보이지 않는 것
그 너머를 바라보며

가을은 낙엽과 함께
소리 없이 떨어진다
노랑, 빨강, 갈색, 초록
침묵 가운데
속절없는 시간 한가운데
마치 잃어버린
편지들인 양

숲 속의 돌담 곁에
머물렀다
가을이 낙하하는
길 위에서
그 누구도 말 걸지 않는
그 어떤 말도 없는
그 누구도 없는
낯선 하늘 아래

돌담 곁에

멈춰 섰다

숲에 묻힌 영혼들의

속삭임을 들으며

나의 속삭임을 들으며

말할 입도 없이

언어도 없이

이토록 견고한 고독 가운데

내 침묵의 목소리를 들으면서

계단

계단을 오르고
또 오른다
높이 오르면
숨 가쁘고

계단을 내려오고
또 내려온다
아래로 내려오면
넘어질 듯해

계단을 잘 살피도록
어디로 가고 있는지
끝이 없는
계단

분리의 접합

비-현실은 시간이다
비-진리는 공간이다

실체와 실존 사이―우리의 절규
우리의 눈물 우리의 웃음
우리의 고뇌 우리의 언어

정액과 두개골 사이
침묵과 소리 사이
우리의 호흡은 분리의 접합이다
무도, 존재도 없는

궁극의 신비를 이루기 위하여
시간과 공간을 연결하기 위하여
삶을 죽음으로 잇기 위하여

바람과 비와 눈은

언어도 사상도 노래도 아니다
산과 강과 사막은
진실도 미도 미덕도 아니다

분리에서 나온 접합
접합에서 나온 분리
드넓은 연결의 미학

촛불의 그림자

우리는 서로 이어진
꺼질 듯한 촛불이다
어둡고, 불투명한, 보이지 않는
존재의 밤을 밝히기 위한

보기 위해, 보이게 하기 위해
우리 그림자를
저 어둠에 내던진다

울고, 미워하고 사랑하기 위해,
투명해지고, 생각하기 위해,
이해할 수 없는 뭔가를 적어 내려가기 위해,
그리고 또 죽기 위해,
먼지로 돌아가기 위해 태어났다

이성과 생각
가치와 희망

비명과 기쁨
마치 원소처럼
이해할 수 없는 외국어처럼
바람에 실려 간다

이성은 곧 감옥
의식은 곧 의식
의식은 곧 단 하나의 현실
존재와 무 사이에서
모종의 차이를, 그림자를 드리우는
모종의 의미가 깃든 눈물을 흘리는
존재의 영혼이다

사르트르의 부고를 듣고
―1980년 4월 15일

그래, 당신은 침묵하기로
시체가 되기로 결심하셨군, 사르트르 씨
대포에서 쏘아 내던 날카로운 말의 포탄도
이제는 멈추게 된 거로군, 영원히

당신의 보부아르도 이제 홀로 남았고
당신의 누군가는 아니지만, 우리 역시 남았어
그렇게 세상은 조금 더 외로워진 거야
당신이 사라진 이 세상은

내 젊은 시절을 흔든 지진이었어
나는 당신의 쉰 목소리와 굳은 얼굴을 기억해
시몬과 함께 뮤투알리테 강당*에 있던

신은 죽었고 당신도 그랬지
아무런 말도 없이
고요한 재만 남긴 채

대자(對自) 즉자(卽自)
대자 즉자와 존재와 무
존재하지 않기 위해 존재하기와
존재하기 위해 존재하지 않기
당신도 역시 죽었군, 장–폴

자유롭지 않기 위해 자유로워지기
자유롭기 위해 자유로워지지 않기
그리고 이제 당신은 무가,
영원한 부재가 된 거야

---

* Maison de la mutualité, 파리 제5구역에 위치한 시립 강당.

메타-메가-시티의 노래

메타-시티에서 사람들은 큰 무리를 짓지만
새와 물고기는 숲과 해변에서 죽어 간다

메가-시티에서 음성들은 더욱 시끌벅적하지만
오랜 의미의 울림은 멀어질 뿐이다

메타-시티에서 몸들은 더 가까워지지만
마음은 점점 더 닫혀만 가고

메가-시티에서 상인들이 한몫 버는 동안
상점에서는 영혼들이 바싹 말라 간다

1980년, 부고를 듣고

바르트는 몇 주 전에 죽었고,
사르트르는 일주일 전에 죽었다
사람들은 늘상 가 버린다

오늘 두 명의 친구와 한 명의 시인과
서울에 있었다던 어느 젊은 교수의 부음을 들었다

빛나는 바르트 위대한 사르트르
시인은 실패자였고
교수는 괜찮은 친구였다

잠은 오지 않고 나는 늦게까지 깨어
어려운 일들을, 삶과 죽음을 생각하고
이를테면 내 죽음처럼 사소한, 많은 것들을 걱정한다

지평을 넘어서

내 배는 배고픔을 느끼지 않으며
내 몸에는 더 이상 고통도 없네
허나 내 영혼은 이름도 없는
무엇인가 때문에 죽어 가지

나는 이제 다 자랐네
더는 그렇게 어리지도 않고
그렇다고 너무 늙은 것도 아니지
엄마 잃은 아이가 그렇듯이

많은 것을 배워 왔고
알지도 못할 것을 위해
행복을 포기하기도 했네

이제 한 가진 알겠어
우리가 현명해졌다는 것
어쩌면 안경을 낀 것보다 훨씬 맑게

모든 걸 볼 수 있겠지
일상의 지평을 넘어서
오만의 기나긴 터널을 지나
어둠의 끝을 보기만 하면

밤은 낮보다 밝은 것
어둠은 의식보다 빛나며
산과 강보다 아름다운 것
그 지평에 서면
어둠은 부처보다 현명한 것

강은 강이다

많은 이가 살기 위해,
사랑하기 위해, 번식하기 위해 태어난다

어떤 이는 말하기 위해,
생각하기 위해, 시 나부랭이를 쓰기 위해 태어난다

많은 이가 산 것을 죽이기 위해,
행복하기 위해, 죽기 위해 태어난다

어떤 이는 태어나기 위해,
영원한 삶을 살기 위해 죽는다

기쁨과 분노와 행복과 불행
감정들 그리고 생각들
노래와 시와 철학
대화와 대화와 대화
그러나 우리는 모두 왔다가는 떠나고

모두 죽기 위해, 태어난다

어떤 이는 떠들고 생각하고 기쁨과 슬픔을 글로 적으려
다시 돌아올 것이다
또 어떤 이는 먼지로 화하고 다시 화하고
지구와 우주의 조용한 암흑 속에 머물기 위해,
태어나고 죽을 것이다

생각과 말이 지난 후에도
노래와 시, 낮과 밤
바람과 돌고 도는 계절에 대한 생각이 지난 후에도

나무는 나무다
강은 강이다
그리고 눈은 하얗다

자화상

나는 벗어 버린다
나의 옷과
살결과
마음과
그리고 영혼을

자신을 보기 위하여
알기 위하여
하지만 나는 양파 껍질에
지나지 않아
텅 빈 속
이름도 없는
나에게는 내가 없다

나는 입술을 깨문다
자신을 느끼기 위하여
나에게 소리를 지른다

맥박을 찾아서
해골의 웃음과
심장의 절규 가운데

담배를 피운다
타이프를 친다
먹고 섹스하고
생각하고 침잠하고
그리고 시를 쓴다
나를 찾아내기 위하여

공허

이 모든 게 끝났다고 보면
만물이 곧 부조리다
나는 부조리다

신과도 같은
거대한 공허
바보 같은

우리는 모두 어딘가로 향한다
어디에도 없는 그곳으로
아무것도 이해할 수 없는

반드시 불행한 것은 아니지만
여전히 밀짚처럼 속은 텅 빈 채
 우리는 그저 보이지도 않는 어떤 의미를 무의미하게 만들고자 애쓸 뿐이다

초현실적 추상화

하늘에는
죽은 물고기

잃어버린 꿈속의
빈 상자들

정유소 기중기 옆
하얀 데이지

깨어진 약속 위로
검은 눈발

핑크색 연애편지와
소총 한 자루

시적 변형

갑작스럽게 잠에서 깨어나 나는 보았네
세상의 모든 것이 말들로 변하고
온 우주가 우주적 시에 다름 아님을 깨달았네

어떤 시학

뭐라고 이름 붙이든 간에
그것은 시가 된다

시를 쓴다는 것은 대단한 게 아니다
그것은 마음의 그림일 뿐

모든 것은 잠재적인 시다
그것들은 아름답다

또 다른 관점

공명하는 공허의
아름다운 파편들로
충만한 가운데
소리 없는 진공의
텅 빈 그림자

악몽

나는 내가
깨어날 수 없는
꿈속에 사로잡혀 있다는 걸 알아

이 얼마나 엄청난 악몽인가
영원한!

형이상학적 자기 인상

어쨌거나 우리는 결국 먹고, 싸고, 발정하고
성교하고 번식하는 쥐들이다
부조리하건 아니건
그게 전부다, 또한 그게 전부다

우리의 철학적 고뇌
우리의 윤리와 정치, 그리고 시는 모두
의미가 결여된 소음에 불과했다 어쨌거나
그게 전부다, 또한 그게 전부다

삶이라는 우리에 갇혀서 어쨌거나
우린 모두 쳇바퀴 안에서 도망치고 또 도망치는 다람쥐
들이다
철장 속에서 끝도 없이
그게 전부다, 또한 그게 전부다

어쨌거나 우리의 언어는 뒤엉킨 소음

우리의 의식은 그저 부서진 그림자

우리의 의미는 그 그림자의 그림자

그게 전부다, 또한 그게 전부다

어쨌거나 우리의 비명

우리의 희망, 울음, 우리의 투쟁과 고통은 고통스러운 악몽 이외에는 아무것도 아니고

우리는 이곳에서 결코 깨어날 수 없다

그게 전부다, 또한 그게 전부다

신경 쓰지 않아

우리의 노래는 쳇소리
우리의 생각은 거미줄
우리의 도덕은 공허한 슬로건

우린 신경 쓰지 않아
우리는 진동하는 분자들
신경 쓰지 않아!
자유는 말일 뿐
말 역시도 말일 뿐
그냥 먼지일 뿐

우리는, 우리가 만들고, 찾아내고, 풀어 놓은
밖이 아닌 안으로부터의 깨우침이라는
감옥의 죄수들

어떤 시인의 고백

평생토록 말들을 찾아 왔노라
의미와 무의미 사이에 존재하는 것들을

그러나, 이런! 아직도 난 그걸 찾지 못했지
완전히 쓸데없는 짓을 한 거야

병원에서

어쨌든 우린 모두 죽어
다들 대낮처럼 환하게 알고 있는 사실
그러나 다들 살고 싶어 안달이지, 심지어, 병상에서조차

인생은 병원
고통

어쨌든 삶이란 무의미해
다들 죽음만큼 확실히 알고 있는 사실
그러나 다들 삶에 매달리지

삶에 의미가 있다면, 그것은 살아가는 고통에 벌벌 떠는 것
그것일 뿐, 단지 그것일 뿐

우주의 비정함에 대한 명상

아직도 그대로다
하지만 아직도 많은 질문에
해답은 없다

코발트블루의 하늘이여
영원한 원소들이여
그토록 아름다운

하지만 영혼의 절규에도
다만 차가울 따름

무한한 밤이여
그러나 여전히
우주의 황홀한 아름다움이여

자서전

나는 헤매고 또 헤맸다
여기, 그리고 저기를
마치 저기 보이는 구름처럼

나는 헤매고 또 헤맸다
계속, 그리고 계속
마치 보이지 않는 별처럼

초월

제아무리
새처럼 자유롭고
노래처럼 행복하더라도
영원히 초월해 나아가리
신성을 향해
제아무리
위대하더라도

SIDE BY SIDE

형이상학적 사체
―파울 첼란에게

저녁 식탁 위에 놓인 생선 튀김의 커다란 눈
아프리카 사막 죽어 가는 자들의 순수한 눈
대지 위로 펼쳐진 코발트 빛 푸른 하늘

부서진 이성
들리지 않는 노래
무의미의 쓸모없는 의미
시장에서는 썩어 가는 죽은 쥐들 위로
검은 산성비가 내리고
기아로 죽어 가는 살찐 부랑자

한 무신론자의 기도

언제나 죽는 사람이 있고
언제나 상처 받는 사람이 있다
하지만 밤은 너무 힘들어
나는 무릎을 꿇는다
내가 믿지 않는 신을 향해

언제나 대답 없는 질문이 있고
언제나 해답 없는 문제가 있다
하지만 밤은 너무 어두워
나는 눈을 감는다
거기 없는 신을 보기 위해

나는 지친 게 아니다
몇 가지 답을 가지고 있을 뿐
하지만 밤은 너무 황량해
나는 두 손을 맞잡는다
저항할 수 없는 무 앞에서
나는 무신론자

그저 할 일을 할 뿐이다
하지만 밤은 너무 공허해
나는 두 팔을 뻗는다
나타나지 않을 고도*를 기다리며

---

* 사무엘 베케트의 전위극 「고도를 기다리며」의 작중 인물. 극에서 모두가 그를 기다리나 정작 한 번도 등장하지 않음으로써 절대자를 희구하는 현대인의 불안을 상징한다.

파울 첼란을 위하여

그대는 몸부림을 쳤다
어둡고도 어두운, 진정으로 어두운 무언가를
깊고도 깊은, 진정으로 깊은 무언가를 말하려고

그대는 몸부림을 쳤다
말할 수 없는, 심오한 무언가를 외치려고
쓸 수 없는 것을 써 보이려고
보일 수 없는 것을 내보이려고

그대는 검은 우유를 들이켜고 또 들이켰다
진한 슈바르츠 밀히(Schwarze Milch)
마시고 마시다가 그예 취해 버렸다

그대는 심오한, 어두운 무언가를 보았다
보이지 않는 무언가가 그대에게는 보였다
어떤 진실, 절대적 진실과 아름다움
그대는 심저(心低)에 영원히 낫지 않을 상처를 입었고

죽음의 외로움과 그 아름다움에 그토록 슬펐던 것이다

그대는 알아볼 수 없는 단어를 적었고
별 뜻 없는 몇몇 노래를 불렀고
무의미한 시를, 시들을 지었다

그대는 슈바르츠 밀히, 검은 우유를 들이켜고 또 들이켰다
그대는 토드스푸크(Todesfuge), 「죽음의 둔주곡」을 시로 쓰고 또 썼다
그대는 센 강에 투신했다
죽음의 깊이
절대적 진실
절대적 미에
가닿기 위해

그대는 자신에게 진실했으며
어쩌면 이글거리는 태양처럼

진실로 자신에게 가혹했으며
어쩌면 아프리카 사막의
다이아몬드만큼이나 견고했노라

의미의 쓸모없는 무의미
── 파울 첼란에게

신은 지옥에 있고
인간은 천국에 있다

'~이다'와 '~의'와 '뭐?'와 '맞아!' 그리고 푸른 지성
아브라카브라, 브라카아라
나의 만트라
옴, 옴
아브라카바바, 카바카바아

신은 인간이고
인간은 죽음이다

브라카브라, 브라카브라,
옴, 옴, 나의 옴
나의 만트라

산산이 부서진 질서
그리고 해방된 혼돈

1979년 11월 어느 캄보디아 난민의 사진을 보고

나는 그것이 동네 생선 가게에서 보았던
꽤나 큼직한 마른 오징어인 줄만 알았지
구깃구깃한 몸통에 어울리지 않게 큰 머리
유독 커다란 검은 눈이 두드러진

그러나 그 다리는 팔이었고 눈은 살아 있더군
오징어는 아기였어 엄마 품에 안긴 인간
갈 곳 잃은 절망의 시선은 아무 곳도 향하지 않고
찡그린 얼굴과
엄마의 말라 버린 눈물
젊은 여인

오징어는 아기였어
엄마 품에 안긴 아기는 오징어였어
살아 있지만 죽은 눈을 한

울부짖지 않는 비명
목소리 없는 분노

인간, 우리는 신보다 잔혹해
진실보다 고통스러워

몬도가네

쥐는 쌀을 먹고
고양이는 쥐를 먹고
교미가 끝나면
암거미는 수거미를 먹는다

개는 뼈다귀를 먹고
돼지는 개들을 먹고
인간은 돼지들을 먹고
벌레는 인간을 먹는다

그녀는 돼지고기를 먹고
나는 닭고기를 먹는다
인생은 축제고
축제는 죽음이다

얼어붙은 38선 너머의 왜가리

왜가리 한 마리가
고요한 아침의 분단된 심장을 가로지르는
얼어붙은 철책 위를 날고, 날고 또 날았다
45년도 넘는 세월 동안
입을 다문 초록빛 산을 향해 쏜 총탄처럼

하얀 왜가리는
다시 다시 그리고 또다시
분단된 하늘을 날고 날고 또다시 날고
그리하여 고요한 아침의 나라 어딘가에
쉴 만한 둥지를 찾을 때까지
날고 또 날 것이다

옥수수 밭의 죽음
—한국 전쟁 중에

옥수수 밭 옆으로 난
길가에 누운 어린 병사
더운 8월, 들판은 무르익는데
생선처럼 말라 가는 죽은 병사
새 한 마리가 머리 위에서 우짖고
입속에는 파리가 들끓고

미 전투기가 기관총을 쏘는 동안
붉은 군대는 총부리를 겨누었어
우리는 삶과 죽음 사이에
삶에 대한 절망과 욕망 사이에 있었지
이 땅 위에서 우리의 적이 아닌
두 적들 간의 전쟁이 벌어지는 중이었어

결국 이 병사는 누구의 아들인가
그의 어머니는 누구란 말인가

누가 그를 위해 울어 줄 것인가

어린 병사, 높다랗게 자란 옥수수 밭의 시체
그의 아버지는 어디에 있는가

여름은 타오르고
밤은 기나긴데
죽은 병사는 온종일 홀로
어쩌면 잠이 든 채
타는 길가에 홀로 있었어
울음도 없는가 하면
이름도 없이

전쟁의 기억들

1
포성이 다가오는 중이었다
대포의 포탄들이 차례차례 집과 학교와 병원을 가격했다
다가오고 있었다 그건 전쟁이었다
인민군이 밀어닥쳤다
진짜 전쟁

아들과 딸은 도시에서 도망쳤고
부모는 집을 지키기 위해 남아 있었다
그들은 부모였으니까
어쩌면 그들 중 누군가에게는 그게 끝장일 수도 있었다

그건 전쟁이었다 전쟁 중에는 누구나 아무 때나
개나 벌레 비슷하게 살해당할 수 있었다

2
저자를 죽여, 전부 다 죽여 버려
녀석들은 부자고 우린 가난하니까

저기 모두를 삽과 도끼로 죽여 버려
전부 죽여, 우리는 비참과 굴욕에 화가 날 대로 났으니
신에게 화가 났으니

좋아, 다들 쏴 버려, 나이도 불문하고 일가친척 모두 다
예외란 없어, 일가친척 모두 다
녀석들이 우리 형제와 부모를 죽였으니
녀석들이 우리 책이며 가구며 산산조각 냈으니
전부 다 기관총으로 머리를 쏴 죽여 버려
전부 죽여, 뱀이나 파리 같은 걸 죽이듯
분노도 두려움도 없이
증오도 공포도 없이

3
그들은 적이 아니었으나
서로 싸우고 서로 죽였다
그들은 우리 아들들
어쩌다 좀 둔하기도 했고 버릇없기도 했지만

꿈도 있고 미래도 있는 우리 아이들이었다
그러나 어쨌거나 그들은 서로를 죽였고
그리고 다시는 집에 돌아가지 못했다

4
우리는 배고팠고
우리는 화가 났고
우리는 아팠고
죽어 가고 있었다
망가진 대지, 망가진 영혼
우리는 그저 쥐 떼였다

5
난 스무 살이었고 앓고 있었다
삶은 차라리 저주였다
기관총과 대포 아래
폭격기의 발포 아래
난 그저 작열하는 뙤약볕 아래

옥수수 밭을 달리고 있었다
왜 그러고 싶은지도 모르면서 살아남기 위해
마치 개처럼

난 굶주렸고 위통으로 괴로워했다
삶은 차라리 지옥이었다
이웃들의 감시하는 시선 아래
금방이라도 닥칠 듯한 참혹한 죽음의 위협 아래
굴욕에 대한 끊임없는 공포 아래
난 집과 도랑과 산속에 숨어 있었다
원치도 않았으나 삶을 이어 가기 위해
마치 쥐처럼

6
이름도 없는 병사
P.E.C.
스무 살
소총 한 정 없었고

확신도 없었다
너무 어렸기 때문에
아직 살아 있었기 때문에

어머니를
아버지를 잃었다
형제들이 어디 있는지
누이들이 뭘 하는지 알 수 없었다
하지만 난 부상병이었다
산속 눈 오는 밤 홀로 죽어 가는
벌레처럼

7
언젠가 부산 제5연대 군 병원의
악취를 풍기는 병동을 서성거렸다
발코니로 나가
가 본 적 없는 머나먼 미국과 일본에서 온
화물선의 명멸하는 불빛을

바다 위 별빛이 명멸하는 하늘을 바라보려고

별은 셀 수 없었고
배는 휘황했으며
바다는 끝이 없었고
춥고 광막한 겨울밤이었다

그러나 난 미국인이 아니고
일본인도 아니다

나의 조국은 전쟁터였다

난 선원이 아니었다
난 부상병이었다
수백의 병사가 죽어 가는
퀴퀴한 내가 떠도는 병동의
아픈 병사였다

이 냄새 나는 병원에서
나갈 수 있을지
가족을 다시 만날 수 있을지
혹은 내가 살아남을지조차
알 수 없었다
난 한국인이다
우리 모두 한국인이다

외국 선박으로 가득 찬 밤은 환했고
겨울밤 바다 위 하늘도 빛났지만
나의 영혼은 어둡고, 그리고 적막했다

8
M.P. 들은 지프를 몰았다 갓길에서 보면
꼭 왕처럼 보였다
그런 차를 운전해 볼 수만 있다면
죽어도 여한이 없을 것 같았다
G.I. 들은 좋은 신발을 신고서 잡역을 했다

담배는 럭키 스트라이크나 카멜이었다
권총이며 소총을 들었고
햄에그 샌드위치를 먹었는데
따스하고 이국적인 향이 났다
허기와 무력감과 비참함에 시달릴 때
그런 샌드위치를 먹어 볼 수만 있다면
죽어도 여한이 없을 것 같았다

9

다른 사람들, 그들은 모두
비정한 미국인, 러시아인, 중국인, 일본인 등등이었다
우리보다
우리 삶보다
비정한
우리의 죽음과 고통으로 부유해지는

공산주의자, 자본주의자, 정치가, 장교를 나는 증오했다
이토록 굶주린 부산항에서

탱크, 대포, 캔 맥주, 담뱃갑, 초콜릿을 가득 실은
화물선에 올라탄 비정한 일본인 상인과 선원들
악취 풍기는 군 병원에 누워, 이 모든 것을 증오했다
난 이 모든 것에 화가 나 있었다
침묵하는 신이여, 난 당신도 증오했다
비정하고 무능한 당신 또한 잔인하긴 마찬가지였다

10
판문점 휴전 협정
38선 위로
말 없는 수백만의 시체 위로
이제 포성은 잦아들었다
여전히 갈라선 우리
서울, 영혼 없는 폐허
파편들의 도시
조용한 아침의 고도
상처 입은 영혼들의 도시
깨어진 꿈과 허기와 분노와 무기력이 쌓인

부서진 건물들 위로

차가운 겨울밤은 길었고

만월은 치명적이리만치 아름다웠다

창녀들, 무너진 건물터를 서성이는 누이들은

손님이 오기만을 기다리고 또 기다렸다

부모와 아이는 각각 저마다의 딸과 엄마를 기다렸다

쌀밥 한 그릇 대신 싸구려 술에 취해

우린 마시고 마시고 또 마셨다 절망과 분노를

우리, 그리고 형제들은

마시고 또 마셨다

내일을 그리며

손을 서로 맞잡고

우린 모두 한국인

모두 그리고 혼자서도

강했다

11
서울
한국
우린 한국인이었다
살아남았고
살아남을 것이다
우린 다시 일어날 것이다
그렇게 스스로 말해 보았다

포스트모던의 풍경

강물에 떠오른 죽은 물고기의 거대한 눈
에티오피아인 거주 지역 굶주린 아이들의 거대한 눈
유탄에 맞아 죽은 시체, 드러난 위장의 거대한 눈
불모한 인쇄물의 공백에 찍힌 철학적 고뇌의 거대한 눈

부서진 빈 병들
부서진 말들
부서진 꿈
부서진 논리

기계
돈
원숭이
향기로움
내일

걸프전

텔레비전에서 수없이 보았지
바사라에서 바그다드로 향하는 고속도로
젊거나 늙은 죽은 병사들과
불에 탄 탱크, 트럭, 소총, 수류탄
대포 파편에, 기관총에 으스러진 두개골과
찢긴 배에서 튀어나온 내장과
급히 썼으나 부치지 못한 연애편지와
고향의 연인 사진이 흩뿌려져 있었어

사냥꾼의 덫에 포획된 짐승처럼 어떻게든 살아남기 위해
최신 무기에게서, 죽음에게서 도망치는 중이었지
그러나 피할 곳 없는 고속도로에서 결국 걸려들었고
폭격, 폭격, 폭격이 계속되고 또 계속되고
충격, 충격, 충격이 계속되고 또 계속되고
무력함, 절대적인 무력함, 수백의 수백의 수천 명이 모두
죽고 또 죽고 사냥당한 짐승처럼 모국의 고속도로에서
죽어 갔어

우리는 승리를 소리 높여 외쳤지

전쟁, 조국, 미합중국을 자랑스러워했고

노란 리본, 깃발이며 노래와 꽃, 헌시와 산더미 같은 연설과 메달로 영웅들을 칭송했지

그 위풍당당한 개선을 축하하면서

우리는 저 가난하고 무지하고 무력한 머나먼 나라 사람들의 고통과 비명과 죽음과 파괴와 괴로움을 마음대로 수정한 거야

폭탄과 기관총을 가진 우리

기술이며

최신 무기로

우리 적들의 적들의 적을 죽였어

인간이건 짐승이건, 우리는 인간이거나 인간의 적이야

인간의 진보

말라 가는 강의 죽어 가는 물고기
짐승들은 서로를 짓밟지
굶어 죽어 가면서
찍찍거리고 비명을 지르고
가스를 내뿜고
독을 마시며
서서히
끝도 없이 타들어 가는 사막에서

우리의 망상

우리는 우리가 위대하다고 생각해
우리는 생각하고, 선동하고, 싸우고, 열심히 일하지
우리는 빌딩과 컴퓨터와 최신식 무기를 만들어
우리는 바다와 산과 열대 우림을 정복하고
우리는 강과 샘과 공기를 더럽혀
우리는 진보의 길 위에 있는 모든 것을 더럽히고 부숴
우리는 우리가 신과 흡사하다고 생각하지만
하지만 이제 우리는 알지
우리가 공룡들처럼 멸망해 가고 있다는 걸
이 땅의 화산들이 불을 뿜기도 전에
화를 내고
초조해하며
죽어 가고 있다는 걸

쥐

사자는 그러지 않아, 그저 쥐만이
쉴 새 없이 움직이고
항상 벌벌 떨며 주위를 살피고
계속해서 불안해하고
죽은 벌레를 놓고 투닥거리고
거슬리는 소리를 내고
위엄이라곤 털끝만큼도 없이
어둠 속으로, 나아가
침침하고 깊은 쥐구멍으로 달려간다
사자가 아닌
쥐만이 그러지
실존의 어두운 쥐구멍 속
병든 쥐만이

소말리아의 기근

텔레비전 뉴스에서는 죽어 가는 아이들
신문에서는 크게 뜬 눈의 쓰러진 자들
나의 마음을 뒤흔드네
우리는 그 얼마나 무심한 것일까

우리는 모두 이기주의자, 위선자
개보다도 더 개 같은
난 가만히 떠올려 보는 것이다
철학 강의에 들어온 작은 소녀의 티셔츠에 새겨진 그 말
'사람에 대해 알수록 개가 더 좋아진다'

세계 철학 총회에서

세계에서 제일 똑똑한 이들이다, 녀석들은
누구 하나 빠짐없이 따끈따끈한 진리를 내놓고
거창한 말과 새롭다는 개념, 첨예한 논리를 전시하며
모두가 자기 말을 들어 주기를, 믿어 주기를,
자신의 진리가 인쇄물이 되기를, 유명해지기를,
서로 논쟁해 볼 수 있기를 갈망한다

그들은 유럽의 가장 오랜 도시, 아니
나아가 전 세계로부터 날아와서는
예술, 미, 진리, 고통, 그리고
제공되는 식사며 마실 것에 대해 떠들어 대고
짬을 내서 관광도 하고 끼리끼리 뭉치기도 하고
수다에 수다에 수다, 수다를 듣기도 하지
피곤한 노릇

시의 쓸모

인류는 굶어 죽어 가고
국가는 파괴되어 간다
굶주림과 분노
폭동과 죽음

나는 시를 쓴다
무엇을 위해서인지도 모른 채

낯설고
이해할 수 없을지라도
나는 쓰는 것을 멈출 수 없다
부조리,
진정한 부조리, 어쨌거나

세상 따위 뭐가 어쨌단 말인가
나와 무슨 상관이 있는가
정답은 대체 무엇인가

작품 해설

세계화된 시인의 꿈과 언어

김치수(문학평론가 · 이화여대 명예교수)

1

박이문 교수는 철학자로서 한국에서뿐만 아니라 세계적으로 알려진 학자이다. 그는 서울대학교에서 불문학을 전공하고 이화여자대학교 불문과 교수를 지내다가 프랑스에 유학, 파리의 소르본 대학교에서 말라르메 연구로 문학 박사 학위를 받은 후, 미국으로 건너가 서던캘리포니아 대학교에서 철학 박사 학위를 받았다. 보스턴의 시몬스 대학교에서 철학 교수로 재직한 뒤 1990년에는 귀국, 포항공과대학교에서 철학을 강의하다 2000년 정년 퇴임, 2009년까지 연세대학교에 특별 초빙 교수로 재직한 철학 교수이다. 그는 또한 그 경력이 보여 주는 것처럼 1950년대 말에서 1960

년대 초, 불문학자로서《사상계》에 프랑스 문학에 관한 소개의 글을 실음으로써 문명을 날렸고, 1955년에는 역시 같은 잡지에 「회화를 잃은 세대」라는 시를 발표하여 시인으로 등단했으며, 말라르메에 관한 학위 논문은 프랑스에서 출판되어 말라르메 연구가로서도 이름을 알렸다. 그러나 그는 미국으로 건너간 다음부터 철학 교수로서 철학적 사유에 전념함으로써 많은 관련 저서를 출간하였다.『노장사상』,『철학이란 무엇인가』,『현상학과 분석철학』등의 저자로 알려진 박이문 교수는 끊임없이 철학적 사유에 정진해 왔다. 그러나『시와 과학』,『문학 속의 철학』,『예술 철학』등의 저서를 읽은 독자라면 박이문 교수가 문학적 사유를 중단한 것이 아니라는 사실을 명백하게 알 수 있을 것이다. 다만 이러한 일련의 문학적 사유는 보다 엄밀히 말해 문학에 대한 이론적 사유로, 시인으로서 품은 시 창작의 열정은 만족시킬 수 없었던 듯하다. 따라서 시인으로서의 그는『눈 덮인 찰스 강』,『나비의 꿈』,『보이지 않는 것의 그림자』등의 시집을 출간하는 한편,『공백의 그림자』라는 시 선집도 간행함으로써 모국어에 대한 사랑과 시의 열정을 불태워 왔다. 그가 영시를 집필했다는 것이 모국어에 대한 태만은 아닐 것이다. 오히려 한국어의 경계를 넘어 세계적인 것으로 자신의 시를 인정받고자 한 시인의 욕망의 발로라고 보아야 옳을 것이다. 이 시집의 작품들은 원래 박이문 교수가 영어로 발표한 것을 우리말로 번역한 작품들이다. 엄격한 의미에서 이 시집의 수록작들은 우리말 창작 시가 아니라 영어에서 번역한 시라고 말해야 옳은 작품이다. 일반적으로 번역 시는 세계적인 명성을 얻은 시 작품을 원어로 읽지 못하는 현지 독자들을 위해 출간되는 것이다. 그런 면에서 박이문 교수의 시가 이른바 '고전 명시'라고 할 수는 없으나 일단 한 한국 시인의 작품이 미국, 독일, 그리고 프랑스에서 출판되어 읽히고 있다면 한국의 독자로서 관심을 갖지 않을 수 없을 것이다.

이 시집은 미국과 독일에서 호평을 받고 독일 일부 지역에서 몇 편의 작품이 고등학교 교과서에 수록되었다고 한다. 그것은 박이문 교수의 시편이 철학을 공부하다 여가를 이용해서 쓴 정도의 것이 아니라 높은 수준의 전문적인 시라는 것을 입증하는 증거가 될 수 있겠다. 원래 서양에서 시를 쓴다는 행위는 운율이나 이미지나 상징과 같은 작시법에 통달해야 하고 또 언어 자체의 사용이 문학적이어야 한다는 것을 전제로 한다. 그런 의미에서 이 시집은 『시와 과학』에서 시의 언어에 대한 이론적인 성찰에 도달한 박이문 교수가 외국 독자들을 감동시킬 만큼의 문학적 실천 능력을 보유하고 있다는 것을 증명한다. 영어가 자유롭지 못한 나 자신은 이 시집의 영어판을 읽을 만한 능력이 없기 때문에 원문을 감상할 위치에 있지 못하지만 번역본을 읽게 된 것을 다행스럽게 생각한다. 젊은 날에 『시와 과학』을 문학 개론 강의의 교과서로 채택하여 몇 년 동안 강의를 한 바 있는 필자로서는 비록 번역 시이지만 박이문 교수의 시를 읽는 것이 감개무량하지 않을 수 없다. 왜냐하면 대학 시절부터 박이문 교수의 글을 읽고 지식을 습득하고 사유의 실마리를 찾아온 후배로서 박이문 교수의 삶과 꿈을 그 시 작품에서 엿볼 수 있었기 때문이다.

2

모두 69편의 시 작품을 싣고 있는 이 시집은 1950년대 말 프랑스로 유학을 떠난 이후 1980년대 말 귀국할 때까지 30여 년간에 걸친 외국 생활 동안, 시인으로서 박 교수가 꿈꾸고 상상한 세계와 스스로 살아온 삶과 그 속에서 획득한 언어의 어떤 절정을 지향하는 자신의 몸부림을 보여 주고 있다. 그런 점에서 이 시집은 그를 이해하는 데 결정적인 단서를 제공하고 있다. 물질적 가난과 정신적 빈곤을 극복하기 위해 외국으로 유학을 떠난다는 것은 다른 사람에게는 동경의 대상이 될지 몰라도 정작 떠나는 당사자에게는 미지의 세계에서 무엇을 성취할 수 있을지 모르는 불안과 낯선 사람들 사이에서 살아야 하는 외로움과 능력의 한계에 봉착하는 좌절감을 맛보게 하는 것도 사실이다. 그러나 일단 이미 네 권의 시집을 출간한 바 있는 박이문 교수는 이 시집에서 유학 시절이라는 고뇌에 찬 젊은 시절을 기록하고 있는 것이 아니라 대부분 철학 교수로서 비교적 안정된 생활을 하던 시절을 기록하고 있다.

   강은 얼어붙고
   눈이 내린다

   저녁은 하얀 강 위로
   번져 가고

   강을 따라서는
   홀로 조깅하는 사람 하나
   입가에 서린 하얀 입김
   살아 있고
                                   —「얼어붙은 찰스 강」

  강변에 살고 있는 시인은 눈 내리는 추운 겨울 저녁 무렵 혼자서 창가로 바깥 풍경을 내다보고 있다. 어둠이 내리기 시작한 거리는 인적마저 끊겨 쓸쓸해 보이는데 한 사람이 홀로 강변을 달린다. 그에게 "홀로"라는 수식어를 붙인 것은 시인이 자신의 모습을 그에게서 발견하고 있기 때문이다. 모든 것이 얼어붙은 풍경 속에서 살아 움직이는 것은 조깅하는 남자뿐이다. 그의 입에서 쏟아지는 "하얀 입김"은 순간적으로 살아 있는 것 같지만 금방 얼어붙을 운명을 지닌 것이다. 조깅하는 남자처럼 시인은 모든 것이 얼어붙은 세계 — 죽어 있는 세계에서 혼자서 살고 있다. 자신은 그 풍경 속에 함몰되지 않기 위해서 홀로 달리는 남자처럼 살아 움직이고자 달린다. 입에서 나오는 하얀 입김으로 자신이 살아 있음을 확인하고 있지만 그러기 위해서는 달리기를 멈출 수 없다. 타향에서 살아간다는 것은 저 홀로 달리는 자처럼 외로운 일이다. 그 달리기를 멈추는 순간, 어쩌면 그 자신도 얼어붙을 것이기 때문이다.

겨우내 벌거벗은
나뭇가지가 바람에 휘고
꼭대기에는 외로운 새 한 마리

부러지지 않기 위해
견디기 위해

삶의 고뇌

음울하고 여위었지만,
살아 있다고, 견디고 있다고
말한다

—「겨울나무」

이국땅에서 사는 시인은 유난히도 겨울 풍경을 자주 노래한다. 겨울 풍경의 헐벗음과 쓸쓸함과 추위는 낯선 땅에 사는 자신의 처지와 상징적 관계에 있는 것 같다. 잎이 떨어진 잔가지에 앉아 있는 새의 모습에서 외로움과 배고픔과 낯섦을 견뎌 내는 자신의 모습을 발견하고 살아남은 자의 인고를 노래하는 것이다. "살아 있다고, 견디고 있다고" 말하는 잔가지들의 모습을 보면서 시인은 똑같은 말을 자신에게 끝없이 되풀이하며 다짐한다. '타향 땅'에서 혼자서 달려온 삶이 "사랑의 상처/ 인생의 눈물"(「그림자」)처럼 일상적 삶의 아픔을 시인에게 끝없이 체험하게 하는 것처럼 삶의 고뇌를 '견뎌 내야' 살아남을 수 있다는 절체절명의 순간을 시인은 끝없이 경험하지만 어느 순간 그러한 자신의 일상이 무슨 의미를 갖는지 스스로를 관찰하고 질문을 던진다.

나는 벗어 버린다
나의 옷과

살결과

마음과

그리고 영혼을

자신을 보기 위하여

알기 위하여

하지만 나는 양파 껍질에

지나지 않아

텅 빈 속

이름도 없는

나에게는 내가 없다

나는 입술을 깨문다

자신을 느끼기 위하여

나에게 소리를 지른다

맥박을 찾아서

해골의 웃음과

심장의 절규 가운데

담배를 피운다

타이프를 친다

먹고 섹스하고

생각하고 침잠하고

그리고 시를 쓴다

나를 찾아내기 위하여

—「자화상」

시인도 다른 일상인처럼 "담배를 피우"고, "타이프를 치"고, "먹고 섹스하"며 살아간다. 기호품을 소비하며 생계 수단을 운용하고 허기를 채우고 성욕을 해결하는 점에서 시인은 일상인과 다를 바가 없다. 그러나 시인을 일상인과 구분하는 점은 바로 그가 자신을 보고자 하고 알고자 하며 진정한 자신의 모습을 찾아내기 위해 "생각하고 침잠하고/ 그리고 시를 쓴다"는 점에 있다. 시인은 삶에서, 그리고 세상에서 "보이지 않는 것을 보"는 사람이며 "보이는 것을 보지 않"(「보느냐, 보지 않느냐」)는 사람이기 때문이다. 자기 스스로를 관찰하는 시인은 자신의 진정한 모습을 알기 위해 피부의 옷도 벗고 마음의 옷도 벗고 영혼의 옷마저 벗어 버린 순수한 자신에게서 알맹이가 없는 껍질만을 찾아낸다. 그것을 시인은 "텅 빈 속"(「자화상」)이라고 부른다. 그러한 시인에게는 자연도 침묵으로 존재하고 마음도 "존재하지 않는 곳"(「그림자」)으로 난 길 위에 떨어지는 낙엽처럼 정처 없이 헤맨다. 눈 내리는 한겨울 밤에 "잠 못 이루는" 시인은 철학적 명상에 잠겨서 시간의 절대적 지배와 인간의 한계와 삶의 의미를 생각하지만 그것은 "신의 미로"(「생각할수록 빠져들 뿐」)처럼 아무것도 없는 세계, 무(無)의 세계로 보일 뿐이다. 그렇기 때문에 시인에게 자연은 창문 너머로 보이는 풍경처럼 "의미도 감각도 참고할 것도 없"는 "공허한 아름다움"(「창문 너머」)이어서 비사실적으로 느껴진다. 자신이 보고 만질 수 있는 모든 것에 어떤 친화력도 느끼지 못하고 자기 존재와 동떨어진 것으로 받아들이는 비사실성은 자신이 살고 있는 생활 공간에 동화되지 못하고 자신을 철저한 이방인으로 인식하는 디아스포라의 전형적인 감정이다. 그 쓸쓸함과 외로움은 시인의 일상적 공간이 늘 '비어' 있고 "빈 의자 몇 개와 가을"(「텅 빈 정원 의자들」)만이 남아 있기 때문이다. "쓸쓸한 농가의 흰 담벼락 뒤"(「감」)와 "꼭대기에는 외로운 새 한 마리"(「겨울나무」)는 그래서 시인의 이입 대상이라고 할 수 있다.

시인의 눈에 들어온 대상이 쓸쓸하다는 것은 그 대상을 보는 시인이 자신을 쓸쓸하게 느끼기 때문이다. 어떤 대상을 앞에 두고도 자신을 쓸쓸하게 느끼는 것은 주체가 대상과 화합하거나 하나 된 것이 아니라 대상과 분리되고 불화하고 있다는 것이다. 그렇다면 20년 동안 살아온 땅에 동화되지 못한 채 방랑하고 있는 시인은 어떤 과거를 가지고 있는가?

3

이 시집에 실린 작품 가운데 많은 작품이 시인의 청년 시절을 회상하고 있다. 「옥수수 밭의 죽음 — 한국 전쟁 중에」, 「출국장」, 「내 어머니를 생각하며」, 「전쟁의 기억들」 등은 60년 가까운 세월 저편의 6·25 동란에 관한 기억을 되살려 준다. 예를 들면 「전쟁의 기억들」은 갑자기 터진 전쟁으로 인해서 온 가족이 흩어진 기억에서부터 서로 죽이고 죽는 살육의 기억, 배고픔과 죽음의 위협으로부터 생명을 보존하기 위한 피신의 기억, 전쟁에 징집된 군대 생활의 기억, 외국 군인들이 군림한 기억, 휴전 후의 폐허가 된 도시에서 살아남은 기억들을 상기시키고 있다. 그러한 과거를 기억하고 있는 시인은 철학 교수로서 살고 있는 자신의 처지를 행복하게 노래할 수 있을 법도 하지만 이국땅에서의 삶을 불편해하고 그 속에서 철학을 하는 자신을 고통스럽게 받아들이고 있다.

형이상학이 대체 뭐란 말인가
'나'란 대체 무엇인가
자 우리 가 볼까, 당신과 나
모든 것의 무존재에 대해
그 무엇도 말하지 않으며

한잔의 술을 마시며
지금 내가 기억하는 미래의
앞으로 다가올 과거의
허기든 분노든
실망이든 절망이든
잊기 위해, 후회하지 않기 위해
우리가 암흑 속에 가라앉기 전에

내가 나비의 꿈이라면
내가 나비를 꿈꾸고 있다면
내가 꿈을 꿈꾸고 있다면
깨어 있건 아니건
상관없다, 아무 상관도
당신이 바람에 시를 쓰는 동안에는

도대체 철학이 뭐란 말인가
난 대체 무슨 짓을 하고 있는가

자 우리 가 볼까, 당신과 나
모든 것의 무존재에 대해
그 무엇도 말하지 않으며
침대 위에 드러누워

우리가 너무 늙어 버리기 전에

지금 내가 기억하는 내 죽음의
앞으로 다가올 탄생의
희망이든 주검이든
열정이든 환영이든
놀라워하기 위해, 고뇌하지 않기 위해

내가 환영의 기만이라면
내가 환영을 기만하고 있다면
내가 기만을 기만하고 있다면
상관없다, 아무 상관도
당신이 하늘에 시를 쓰는 동안에는

———「철학을 고찰함」

    어느 순간 자기 존재의 유한성을 발견한 시인은 철학적 이성으로 형이상학적 진리를 찾고자 한 자신의 노력이 벽에 부딪치는 절망을 체험하고 허무주의로 빠질 위험에 직면한다.

이 모든 게 끝났다고 보면
만물이 곧 부조리다

나는 부조리다

신과도 같은
거대한 공허
바보 같은

우리는 모두 어딘가로 향한다
어디에도 없는 그곳으로
아무것도 이해할 수 없는

반드시 불행한 것은 아니지만
여전히 밀짚처럼 속이 텅 비어 있다
우리는 그저 보이지도 않는 어떤 의미를 무의미하게 만들고자 애쓸 뿐이다

─「공허」

 모든 살아 있는 것들이 시간의 흐름이나 공간의 이동에서 자유로울 수 없으면서도 '어디로 언제까지' 가는지 목적도 기간도 모르고 이해하지 못하는 철학적 사유는 결국 '무의미'나 만들어 내는 것으로 귀결된다. 그렇기 때문에 시인은 "생각할수록 더 빠져들 뿐" 생각의 늪에서 빠져나오지 못한다. 무신론자를 자처하는 시인은 생로병사의 질곡

속에서 "대답 없는 질문"과 "해답 없는 문제" 앞에서 철학적 질문을 하며 밤을 보낸다. 무신론자를 자처한 시인은 저항할 수 없는 공허감에서 벗어나고자 "믿지 않는 신"을 찾고 "보이지 않는 신"(「한 무신론자의 기도」)을 보고자 한다.

어둠과 정적의 뒤섞임
밤은 내리는 눈과 함께
짙어져 간다

잠 못 이루는 12월
고요한 가운데
홀로 선 영혼
이성의 바다를 떠올릴수록
나는 신의 미로 속으로
빠져든다

시간 없는 시간
한계 없는 한계
의미 없는 의미

무한한 시선
무를 향한

울지 않기 위해, 웃지 않기 위해

생각 없는 생각과
고요한 대지 위로
눈이 내린다

　　　　　　　　　―「생각할수록 빠져들 뿐」

　여기에서 시인은 말라르메가 추구했던 '절대의 시'를 생각한다. 그 순간 시인은 철학적 사유를 떠나서 "나타나지 않을 고도를 기다리며"(「한 무신론자의 기도」) 시적 상상력에 자신을 맡긴다. 그렇다고 해서 시인은 "굶어 죽어 가는" 인류 앞에서, "파괴되어 가는"(「시의 쓸모」) 국가 앞에서, 시가 무엇을 할 수 있는지 알고 있는 것은 아니다. "무엇을 위해서" 시를 쓰는 것이 아니라 "멈출 수 없"어서 쓰는 시 쓰기는 "진정한 부조리" 그 자체지만 시인의 공허를 제거해 준다. 왜냐하면 철학자에게는 허용되지 않는 것이 시인에게는 허용되기 때문이다. 시인은 "갑작스럽게 잠에서 깨어나 나는 보았네/ 세상의 모든 것이 말들로 변하고/ 온 우주가 우주적 시에 다름 아님을 깨달았네"라는 시구 그대로, "모든 것이 말"이고 "온 우주가 우주적 시"(「시적 변형」)가 될 수 있는 것은 시가 시인의 마음의 풍경이기 때문이다.

흰 구름이 점점이 박힌
푸른 하늘에 기대어 선
교회의 금빛 첨탑
케이프코드의 농가 너머
지붕을 넘어 저 먼 곳으로
떡갈나무 마른 가지 아래
창틀 안에 담긴 지평선은
마치 그림엽서와도 같아

그러나 마을은 고요하고
엽서만큼이나 현실 같지 않아
명상의 거울 속에 비친
공허하고도 공허한 아름다움
의미도 감각도 참고할 것도 없어
진실과 지혜 너머
다만 그렇게 존재할 뿐이지
말도 없이
다만 그렇게

―「창문 너머」

    모든 사물이 마음의 풍경으로 그려질 때 그것은 시가 된다. 그러나 이 아름다운 시가 그림엽서처럼 보이는 것은 그

것이 창문 너머의 풍경이기 때문이다. 그림엽서란 이국적인 아름다움이 담긴 풍경이지 시인의 마음의 풍경이 아니다. 그것은 창문 안의 풍경이 아니라 창문 바깥의 풍경이다. 그것은 나의 현실이 아니라 비사실적인 아름다움이어서 텅 빈 공허한 풍경이다. 그것은 시인의 지혜나 진실이 미치는 창문 안의 풍경이 아니기 때문에 의미도 없고 감각도 없고 언어도 없는 사물 자체의 풍경에 지나지 않는다. 그 풍경이 사물 자체의 풍경으로 끝나는 것은 나의 '유년기의 기억들'을 공유하지 않기 때문이다. 기억과 연결되지 않는 풍경은 창문 바깥의 풍경일 수밖에 없다. 그래서 시인은 마음의 풍경을 찾아 시를 쓴다. 시는 그의 마음의 풍경이 없는 철학적 사유를 풍요롭게 하는 유일한 수단이다.

4

인류는 굶어 죽어 가고
국가는 파괴되어 간다
굶주림과 분노
폭동과 죽음

나는 시를 쓴다

무엇을 위해서인지도 모른 채

낯설고
이해할 수 없을지라도
나는 쓰는 것을 멈출 수 없다
부조리,
진정한 부조리, 어쨌거나

세상 따위 뭐가 어쨌단 말인가
나와 무슨 상관이 있는가
정답은 대체 무엇인가

—「시의 쓸모」

굶주림과 폭동 앞에서 무력한 시를 쓴다는 것에 갈등을 느끼면서도 시를 쓸 수밖에 없는 자신의 부조리한 존재를, 시를 쓰는 부조리와 정면으로 마주치는 운명을 시인은 받아들이고 있다. 시인은 자신이 세상의 부조리를 밝히고 자기 존재의 부조리를 노래하는 부조리한 존재이지 그것을 해결하는 존재가 아니라는 것을 인식하고 있다. 여기에서 시인은 끊임없이 '정답'만 찾는 철학자의 삶을 떠나 '부조리'를 노래하는 부조리의 시인으로서 살게 된다. 그것이 아마도 박이문 교수가 철학자로 생활하면서도 시인이기를 포기하지 못하고 시를 쓰는 이유인 것 같다. 그의 시 도처에서 발견되는 철학적 사유에 대한 그의 질문은 그가 시를 쓰는 이유에 해당한다. 냉철한 이성으로 정답을 찾고자 하는 철학자와 해답 없는 질문에 감성과 이미지로 대응하고자 하는 시인이라는 두 겹의 삶은 상보적인 삶이며 조화로운 삶으로서 이 세상에서 사는 박이문 교수의 행복인 것처럼 보인다. 80여 년 가까이 살아오는 동안 어머니에 대한 그리움과 젊은 시절의 가난과 부조리와 폭력이 지배하는 세계에 대한 분노를 철학자로서는 표현할 길이 없지만 시인으로서는 그것들을 특별한 기억과 정서로 삼아서 언어화할 수 있는 것이다. 그것을 보편적 정서로 표현함으로써 사라지지 않는 세상의 원리로 삼고자 하는 시인의 욕망은 철학자로 하여금 시를 쓰지 않고는 견딜 수 없게 만드는 듯하다. 쉽고 명쾌한 논리로 자신의 철학적 사유를 개진하는 그의 많은 저술에도 불구하고 그는 해답 없는 시 쓰기를 철학하기보다도 더 힘들어하고 불평하면서도 절대 멈추지 않는다. 이러한 시인의 작품을 읽으며 나는 그가 후세 사람들에게 한 명의 철학자이자 사상가로 기억되기보다는 한 명의 시인으로 기억되기를 바라고 있다고 확신한다. 말년의 사르트르가 자신을 후세 사람들이 『구토』의 작가로 기억해 주기를 바랐던 것처럼. 그의 시적 열정이 꺼질 줄 모르는 것 또한 그에 연유한 것이리라.

부서진 말들

1판 1쇄 찍음 2010년 1월 15일
1판 1쇄 펴냄 2010년 1월 22일

지은이 · 박이문
발행인 · 박근섭, 박상준
편집인 · 장은수
펴낸곳 · (주)민음사

출판등록 1966. 5. 19 (제16-490호)
135-887 서울 강남구 신사동 506 강남출판문화센터 5층
대표전화 515-2000 · 팩시밀리 515-2007
www.minumsa.com

ⓒ 박이문, 2010, Printed in Seoul, Korea

ISBN 978-89-374-8084-3 03810